Réseautage efficace

Stratégies pour développer des relations professionnelles fructueuses.

Samuel Moreau

Table des matières :

Introduction

Chapitre 1 : Les Fondements du Réseautage
Chapitre 2 : Préparation au Réseautage
Chapitre 3 : Les Stratégies de Réseautage en Face à Face
Chapitre 4 : Le Réseautage en Ligne
Chapitre 5 : Le Réseautage au Travail
Chapitre 6 : Le Réseautage à l'Échelle Internationale
Chapitre 7 : Évaluation et Mesure de l'Impact du Réseautage
Conclusion

Introduction

Dans le monde professionnel d'aujourd'hui, les compétences et les connaissances sont essentielles, mais il existe une autre dimension tout aussi cruciale pour réussir : le réseautage. En tant que cadre français, vous avez déjà gravi de nombreuses marches de la réussite grâce à vos compétences exceptionnelles, votre dévouement et votre vision stratégique. Cependant, dans un environnement professionnel de plus en plus interconnecté, la manière dont vous cultivez et développez vos relations professionnelles peut être le facteur décisif qui propulsera votre carrière vers de nouveaux sommets.

Ce livre, "Réseautage Efficace : Stratégies pour Développer des Relations Professionnelles Fructueuses," a pour but de vous guider dans l'art du réseautage. Que vous soyez un dirigeant expérimenté ou un cadre émergent, que vous évoluiez dans le domaine de la finance, de la technologie, du marketing ou de toute autre industrie, vous découvrirez ici des stratégies pratiques pour établir des relations professionnelles durables et significatives.

Le réseautage ne se limite pas à la simple accumulation de contacts ou à la participation à des événements sociaux. Il s'agit d'une compétence précieuse qui peut transformer votre carrière en vous offrant des opportunités inattendues, des conseils avisés et un soutien crucial dans les moments difficiles. Il s'agit de bien plus que d'échanger des cartes de visite, c'est l'art de créer des connexions authentiques basées sur la confiance, le respect et la réciprocité.

Au fil des chapitres qui suivent, nous explorerons les fondements du réseautage, de la préparation minutieuse aux interactions en face à face, en passant par l'utilisation judicieuse des médias sociaux et la gestion de relations au sein de l'entreprise et à l'échelle internationale. Nous vous fournirons des outils pratiques pour évaluer et mesurer l'impact de vos efforts de réseautage afin que vous puissiez continuellement améliorer votre réseau.

Préparez-vous à découvrir une approche systématique du réseautage qui vous permettra de maximiser vos relations professionnelles et d'accéder à de nouvelles opportunités. Parce que dans ce monde en constante évolution, votre réseau peut être l'un des atouts les plus précieux que vous possédiez. Il est temps de développer votre capacité à créer des relations professionnelles fructueuses qui vous mèneront vers un succès durable.

Bienvenue dans le monde du réseautage efficace.

Chapitre 1 : Les Fondements du Réseautage

Le réseautage est une compétence professionnelle souvent sous-estimée, mais d'une importance capitale pour les cadres et les professionnels de tous horizons. Pour comprendre et maîtriser cet art, il est essentiel de jeter les bases et d'explorer en profondeur les concepts clés liés au réseautage.

Définition du réseautage et ses différentes formes

Le réseautage, dans son essence la plus simple, est l'acte de créer et de cultiver des relations professionnelles dans le but de favoriser des opportunités de carrière, d'échanger des informations, et de fournir un soutien mutuel. Il existe différentes formes de réseautage, chacune ayant sa propre pertinence dans le monde professionnel.

1. *Le Réseautage en Face à Face* : Cette forme classique de réseautage implique des interactions en personne lors d'événements tels que des conférences, des salons professionnels, des séminaires et des réunions de réseautage. C'est l'occasion de rencontrer des collègues, des clients potentiels et des

mentors, et d'établir des connexions authentiques.

2. *Le Réseautage en Ligne* : Avec l'avènement des médias sociaux et des plateformes professionnelles telles que LinkedIn, le réseautage en ligne est devenu une composante essentielle. Il permet de connecter avec des professionnels du monde entier, de partager des informations et de maintenir le contact à distance.

3. *Le Réseautage au Travail* : Dans un environnement professionnel, le réseautage ne se limite pas à des événements externes. Les relations entre collègues et les interactions interdépartementales jouent également un rôle crucial. Créer des alliances au sein de votre entreprise peut ouvrir des portes pour de futures opportunités.

4. *Le Réseautage à l'Échelle Internationale* : Si vous travaillez dans un contexte international, il est essentiel de comprendre comment construire et entretenir des relations professionnelles à travers les frontières et les différences culturelles. Cette forme de réseautage peut être particulièrement enrichissante.

Les raisons pour lesquelles le réseautage est essentiel pour les cadres

Pour les cadres, le réseautage est bien plus qu'une simple activité sociale. C'est un outil stratégique qui peut avoir un impact significatif sur leur carrière et leur succès professionnel. Voici quelques raisons pour lesquelles le réseautage est essentiel pour les cadres :

- **Opportunités de Carrière** : Le réseautage permet d'accéder à des opportunités de carrière cachées. Les postes de direction sont souvent pourvus par recommandation, et un réseau solide peut vous ouvrir les portes de ces opportunités.
- **Accès à l'Expertise** : Grâce à votre réseau, vous pouvez accéder à des personnes qui possèdent une expertise précieuse. Ces contacts peuvent fournir des conseils, des connaissances et des idées pour résoudre des problèmes professionnels complexes.
- **Soutien et Mentorat** : Le réseautage peut vous connecter à des mentors qui peuvent vous guider tout au long de votre carrière. Ces mentors peuvent partager leur expérience, leurs erreurs et leurs conseils pour vous aider à prendre des décisions éclairées.
- **Réputation Professionnelle** : Un réseau solide peut contribuer à renforcer votre réputation professionnelle. Les recommandations et les références de vos

contacts peuvent vous aider à bâtir une image positive dans votre industrie.

- **Résolution de Problèmes** : Lorsque vous faites face à des défis professionnels, un réseau solide peut vous offrir des solutions créatives. Vous pouvez compter sur votre réseau pour obtenir des avis éclairés et des perspectives différentes.

Les mythes et les idées fausses sur le réseautage

Malheureusement, il existe de nombreux mythes et idées fausses sur le réseautage qui peuvent entraver la compréhension de cette compétence essentielle. Parmi les idées fausses les plus courantes :

- *Le réseautage est uniquement pour les extravertis* : En réalité, le réseautage est accessible à tous, quels que soient votre tempérament ou votre personnalité. Les introvertis ont également des atouts précieux à apporter aux relations professionnelles.
- *Le réseautage consiste simplement à collecter des cartes de visite* : Le réseautage va bien au-delà de l'accumulation de contacts. C'est avant tout une question de qualité plutôt que de quantité. Il s'agit de construire des relations authentiques.
- *Le réseautage est égoïste* : Au contraire, le réseautage efficace repose sur la réciprocité. Il

s'agit de donner autant que de recevoir. En aidant les autres, vous renforcez vos relations et votre réputation.

- *Le réseautage est une perte de temps* : Le réseautage bien planifié et ciblé est une utilisation précieuse du temps. C'est un investissement dans votre carrière et votre développement professionnel.

Ce chapitre marque le point de départ de notre exploration du réseautage efficace. En comprenant les fondements du réseautage, vous serez mieux préparé à développer des relations professionnelles fructueuses qui vous mèneront vers le succès. Dans les chapitres suivants, nous plongerons plus profondément dans les stratégies spécifiques pour maîtriser cet art essentiel du monde professionnel moderne.

Chapitre 2 : Préparation au Réseautage

Le réseautage efficace ne se produit pas par hasard. Il nécessite une préparation minutieuse, une réflexion stratégique et la gestion habile de votre temps. Dans ce chapitre, nous explorerons les étapes essentielles pour vous préparer au réseautage de manière à maximiser vos opportunités et à construire des relations professionnelles significatives.

Identifier ses objectifs de réseautage

Avant de vous lancer dans le réseautage, il est crucial de définir clairement vos objectifs. Le réseautage n'est pas une fin en soi, mais un moyen d'atteindre des résultats concrets dans votre carrière. Voici comment identifier et définir vos objectifs de réseautage :

1. *Objectifs Professionnels* : Commencez par réfléchir à vos objectifs professionnels à court et à long terme. Que souhaitez-vous accomplir dans votre carrière ? Cela peut inclure des promotions, un changement de secteur, l'expansion de vos compétences ou la création de nouvelles opportunités commerciales.
2. *Objectifs Personnels* : Les objectifs de réseautage ne sont pas uniquement liés à la

carrière. Vous pouvez également avoir des objectifs personnels, tels que le développement de compétences en leadership, l'établissement de relations de mentorat ou la contribution à des projets caritatifs.

3. *Objectifs Spécifiques* : Soyez aussi précis que possible dans la définition de vos objectifs. Par exemple, si vous visez une promotion, précisez le poste que vous souhaitez atteindre et les étapes nécessaires pour y parvenir.

4. *Réseaux Cibles* : Identifiez les personnes, les groupes ou les organisations qui sont les plus susceptibles de vous aider à atteindre vos objectifs. Cela peut inclure des collègues, des mentors potentiels, des clients clés ou des partenaires commerciaux.

La création d'un plan de réseautage personnel

Une fois que vous avez clairement défini vos objectifs de réseautage, il est temps de créer un plan concret pour les atteindre. Voici les étapes clés pour élaborer un plan de réseautage personnel :

1. *Établissement d'une Liste de Contacts* : Identifiez les personnes que vous souhaitez inclure dans votre réseau. Cette liste peut évoluer au fil du temps, mais il est important de commencer par une base solide.

2. *Sélection d'Événements et de Plateformes* : Choisissez les événements de réseautage en face à face et les plateformes en ligne qui correspondent le mieux à vos objectifs. Cela peut inclure des conférences, des webinaires, des forums en ligne ou des réseaux sociaux spécifiques.
3. *Calendrier de Réseautage* : Planifiez régulièrement des sessions de réseautage dans votre emploi du temps. Bloquez du temps spécifique pour le réseautage, que ce soit chaque semaine ou chaque mois.
4. *Approche Personnalisée* : Chaque interaction de réseautage doit être personnalisée en fonction de vos objectifs. Préparez des questions spécifiques, des objectifs de conversation et des sujets pertinents pour chaque contact.

La gestion du temps pour le réseautage efficace

La gestion du temps est un aspect essentiel du réseautage efficace, en particulier pour les cadres qui ont des emplois du temps chargés. Voici des stratégies pour optimiser votre temps de réseautage :

1. *Priorisation* : Identifiez les opportunités de réseautage les plus importantes en fonction de vos objectifs. Concentrez-vous sur les

interactions qui ont le potentiel de générer les meilleurs résultats.

2. *Équilibrage* : Équilibrez votre temps entre le réseautage en face à face et en ligne en fonction de vos besoins. Assurez-vous que votre emploi du temps de réseautage correspond à vos objectifs.

3. *Automatisation* : Utilisez des outils de gestion des médias sociaux et des applications de planification pour optimiser votre présence en ligne sans y consacrer trop de temps.

4. *Suivi et Suivi* : Après chaque interaction de réseautage, assurez-vous de suivre et de maintenir le contact avec les contacts importants. Un suivi attentif renforce les relations.

5. *Adaptation* : Soyez flexible dans votre gestion du temps de réseautage. Adaptez-vous aux opportunités qui se présentent et ajustez votre plan en conséquence.

En résumé, la préparation au réseautage est une étape cruciale pour les cadres souhaitant tirer le meilleur parti de leurs interactions professionnelles. En identifiant clairement vos objectifs, en élaborant un plan de réseautage personnel et en gérant judicieusement votre temps, vous serez bien positionné pour créer des relations professionnelles fructueuses qui favoriseront votre succès.

Chapitre 3 : Les Stratégies de Réseautage en Face à Face

Les interactions en face à face lors d'événements professionnels sont des occasions précieuses pour établir des connexions authentiques et durables. Dans ce chapitre, nous explorerons en détail les stratégies essentielles pour maximiser votre efficacité lors de ces rencontres, notamment l'art de créer des connexions authentiques, la maîtrise de la conversation et de l'écoute active, ainsi que la gestion des cartes de visite et des contacts.

Techniques pour établir des connexions authentiques lors d'événements professionnels

Lorsque vous participez à des événements de réseautage en face à face, l'objectif principal devrait être de créer des connexions authentiques plutôt que de simplement collecter des contacts. Voici quelques techniques pour y parvenir :

1. *L'Approche Ouverte* : Soyez ouvert et accessible. N'ayez pas peur d'initier une conversation avec des inconnus. Une attitude accueillante peut créer des opportunités inattendues.
2. *L'Écoute Active* : Portez une attention réelle à ce que disent les autres. Posez des questions

pertinentes pour approfondir la conversation et montrer votre intérêt sincère.

3. *Le Partage Personnel* : Ne soyez pas seulement centré sur vous-même. Partagez des informations personnelles appropriées pour établir un lien plus profond avec les autres participants.

4. *La Recherche Préalable* : Avant l'événement, renseignez-vous sur les personnes que vous prévoyez de rencontrer. Avoir quelques informations à leur sujet peut faciliter la conversation.

5. *Le Suivi Post-Événement* : Après l'événement, prenez le temps d'envoyer des messages de suivi personnels à vos nouveaux contacts. Cela montre que vous appréciez la relation naissante.

L'art de la conversation et de l'écoute active

La conversation est le cœur du réseautage en face à face. Voici quelques principes clés pour maîtriser cet art :

1. *La Qualité Plutôt Que la Quantité* : Ne vous précipitez pas pour parler à autant de personnes que possible. Mieux vaut avoir quelques conversations significatives que de nombreuses interactions superficielles.

2. *Les Questions Ouvertes* : Posez des questions ouvertes qui encouragent les autres à partager leurs expériences et leurs perspectives. Évitez les questions qui ne nécessitent qu'une réponse courte.
3. *L'Écoute Active* : Écoutez attentivement ce que dit votre interlocuteur. Évitez de penser à ce que vous direz ensuite pendant que l'autre parle.
4. *La Communication Non Verbale* : Votre langage corporel, votre ton de voix et votre contact visuel jouent un rôle crucial dans la communication. Soyez conscient de ces éléments.
5. *Le Respect des Différences* : Soyez sensible aux différences culturelles et professionnelles. Ce qui est approprié dans une conversation peut varier en fonction du contexte.

La gestion des cartes de visite et des contacts

La gestion efficace des cartes de visite et des contacts est un aspect souvent négligé du réseautage en face à face. Voici comment vous pouvez maximiser l'utilisation de ces informations :

1. *La Collecte de Cartes de Visite* : Lors d'événements, collectez les cartes de visite de vos contacts. Prenez des notes sur les cartes

pour vous rappeler les détails importants de la conversation.

2. *L'Organisation Numérique* : Numérisez vos cartes de visite à l'aide d'applications de gestion de contacts ou de scanners. Cela facilite la recherche et la mise à jour de vos contacts.

3. *Le Suivi Rapide* : Après l'événement, connectez-vous sur LinkedIn ou envoyez un e-mail pour confirmer la connexion. Mentionnez des détails spécifiques de la conversation pour montrer que vous vous souvenez.

4. *Le Suivi à Long Terme* : Continuez à entretenir des relations avec vos contacts au fil du temps. Partagez des informations utiles, offrez de l'aide lorsque vous le pouvez et maintenez une communication régulière.

En conclusion, le réseautage en face à face offre des opportunités inestimables pour établir des relations professionnelles authentiques. En utilisant les techniques appropriées pour créer des connexions authentiques, en maîtrisant l'art de la conversation et de l'écoute active, et en gérant efficacement vos cartes de visite et vos contacts, vous pouvez exploiter pleinement ces interactions pour favoriser votre succès professionnel.

Chapitre 4 : Le Réseautage en Ligne

À l'ère numérique, le réseautage en ligne est devenu un pilier essentiel pour développer des relations professionnelles fructueuses. Dans ce chapitre, nous explorerons en profondeur les stratégies pour utiliser les médias sociaux dans votre réseautage professionnel, notamment la construction d'un profil LinkedIn puissant, ainsi que les avantages et les pièges du réseautage en ligne.

Utiliser les médias sociaux pour le réseautage professionnel

Les médias sociaux offrent un moyen puissant de connecter avec des professionnels du monde entier et de partager votre expertise. Voici quelques stratégies pour utiliser efficacement les médias sociaux dans votre réseautage professionnel :

1. *Choisir les Bonnes Plateformes* : Identifiez les plateformes sociales qui correspondent le mieux à votre domaine professionnel. LinkedIn est incontournable, mais d'autres plateformes comme Twitter, Facebook ou Instagram peuvent également avoir leur place en fonction de vos objectifs.

2. *Optimiser Votre Profil* : Assurez-vous que votre profil reflète votre expertise et vos réalisations professionnelles. Utilisez une photo professionnelle et rédigez un résumé accrocheur qui met en avant vos compétences.
3. *Partager du Contenu Pertinent* : Publiez régulièrement du contenu pertinent pour votre secteur. Cela peut inclure des articles, des infographies, des vidéos ou des commentaires sur des sujets d'actualité.
4. *Engager la Conversation* : Réagissez aux publications d'autres professionnels en laissant des commentaires réfléchis et en participant aux discussions pertinentes. Cela vous permettra d'entrer en contact avec de nouveaux contacts.
5. *Créer des Connexions Authentiques* : Lorsque vous recevez des invitations à vous connecter, assurez-vous que ces personnes sont pertinentes pour vos objectifs de réseautage. Privilégiez la qualité des connexions plutôt que la quantité.

Construire un profil LinkedIn puissant

LinkedIn est la plateforme de réseautage professionnel par excellence. Voici comment créer un profil LinkedIn puissant :

1. *Photo Professionnelle* : Utilisez une photo professionnelle récente où vous avez l'air professionnel et amical.
2. *Résumé Persuasif* : Rédigez un résumé qui met en avant vos compétences, votre expérience et vos objectifs professionnels.
3. *Section Expérience* : Détaillez votre expérience professionnelle, en mettant en évidence vos réalisations et vos responsabilités.
4. *Recommandations* : Sollicitez des recommandations de collègues, de superviseurs ou de mentors. Ces témoignages renforcent votre crédibilité.
5. *Participation aux Groupes* : Rejoignez des groupes LinkedIn pertinents pour votre secteur et participez aux discussions pour élargir votre réseau.

Les avantages et les pièges du réseautage en ligne

Le réseautage en ligne présente de nombreux avantages, mais il comporte également des pièges à éviter. Voici une exploration des deux côtés de la médaille :

Avantages du Réseautage en Ligne :

- **Accessibilité Mondiale** : Vous pouvez connecter avec des professionnels du monde entier sans quitter votre bureau.
- **Visibilité** : Les médias sociaux peuvent accroître votre visibilité professionnelle et vous aider à être remarqué par les recruteurs ou les clients potentiels.
- **Partage de Contenu** : Vous pouvez partager vos connaissances et votre expertise avec une audience plus large.
- **Facilité de Communication** : La messagerie en ligne facilite la communication rapide et la coordination d'activités de réseautage.

Pièges du Réseautage en Ligne :

- **Surcharge d'Information** : Il peut être difficile de trier l'information pertinente de la masse de contenus en ligne.
- **Manque de Connexions Authentiques** : Il est facile d'accumuler des connexions sans pour autant créer des relations authentiques.
- **Confidentialité** : Assurez-vous de gérer votre présence en ligne avec soin pour protéger votre vie privée et votre réputation.
- **Distraction** : Les médias sociaux peuvent être chronophages si vous n'y prêtez pas attention.

En conclusion, le réseautage en ligne est une compétence indispensable pour les professionnels d'aujourd'hui. En utilisant judicieusement les médias sociaux, en construisant un profil LinkedIn puissant et en étant conscient des avantages et des pièges du réseautage en ligne, vous pouvez élargir votre réseau professionnel de manière significative et efficace.

Chapitre 5 : Le Réseautage au Travail

Le réseautage au sein de votre entreprise est tout aussi crucial que le réseautage en dehors de celle-ci. Dans ce chapitre, nous allons explorer en détail comment entretenir des relations professionnelles au sein de l'entreprise, l'importance de la collaboration interdépartementale et comment éviter les conflits liés au réseautage au travail.

Comment entretenir des relations professionnelles au sein de l'entreprise

Le réseautage au sein de votre entreprise peut avoir un impact significatif sur votre carrière. Voici quelques stratégies pour entretenir des relations professionnelles efficaces au travail :

1. *Participation aux Événements Internes* : Assister à des réunions, des formations, des ateliers et d'autres événements internes vous permet de rencontrer des collègues d'autres départements et de renforcer vos liens.
2. *Collaboration sur des Projets Transversaux* : Recherchez des opportunités de travailler sur des projets qui nécessitent la collaboration de

plusieurs départements. Cela favorise la création de relations interdépartementales.

3. *Mentorat et Parrainage* : Cherchez des mentors ou des parrains au sein de l'entreprise. Ces personnes peuvent vous guider dans votre carrière et vous aider à établir des connexions stratégiques.

4. *Communication Ouverte* : Maintenez une communication ouverte et transparente avec vos collègues. Écoutez leurs préoccupations et partagez vos idées de manière constructive.

5. *Participation aux Groupes Internes* : De nombreuses entreprises ont des groupes internes, tels que des comités de responsabilité sociale, des clubs de loisirs ou des groupes de volontaires. Rejoindre ces groupes peut favoriser les interactions informelles.

L'importance de la collaboration interdépartementale

La collaboration entre départements est essentielle pour le succès d'une entreprise. Voici pourquoi elle est si importante :

- **Synergie** : La collaboration entre départements peut créer des synergies qui conduisent à des solutions innovantes et à une utilisation optimale des ressources.

- **Élargissement de la Perspective** : Travailler avec des collègues d'autres départements peut élargir votre perspective et vous permettre de voir les problèmes sous un angle différent.
- **Amélioration des Résultats** : La combinaison de compétences et d'expertise provenant de différents départements peut améliorer la qualité des produits ou services de l'entreprise.
- **Favorisation du Réseautage** : La collaboration interdépartementale favorise naturellement le réseautage interne, ce qui peut être bénéfique pour votre carrière à long terme.

Éviter les conflits liés au réseautage au travail

Le réseautage au travail peut parfois entraîner des conflits ou des malentendus. Voici comment les éviter :

1. *Transparence* : Soyez transparent sur vos intentions. Si vous recherchez une collaboration ou une opportunité, communiquez clairement vos objectifs.
2. *Respect de la Hiérarchie* : Respectez la hiérarchie de l'entreprise. Évitez de court-circuiter les canaux officiels lorsque cela n'est pas approprié.
3. *Éthique Professionnelle* : Maintenez une éthique professionnelle exemplaire. Évitez de

parler négativement de collègues ou de divulguer des informations confidentielles.

4. *Gestion des Conflits* : En cas de conflit, traitez-le de manière constructive. Engagez un dialogue ouvert et cherchez des solutions mutuellement bénéfiques.

5. *Réévaluation des Priorités* : Si le réseautage interfère avec vos responsabilités principales, réévaluez vos priorités pour trouver un équilibre.

En conclusion, le réseautage au travail est une compétence essentielle pour les cadres et les professionnels. En entretenant des relations professionnelles au sein de l'entreprise, en collaborant efficacement entre départements et en évitant les conflits liés au réseautage au travail, vous pouvez non seulement favoriser votre propre succès, mais également contribuer au succès global de votre organisation.

Chapitre 6 : Le Réseautage à l'Échelle Internationale

Dans un monde de plus en plus connecté, le réseautage à l'échelle internationale est devenu un atout essentiel pour les cadres et les professionnels. Dans ce chapitre, nous explorerons en profondeur les stratégies pour étendre vos réseaux à l'étranger, comprendre les différences culturelles dans le réseautage et maximiser les opportunités de réseautage lors de voyages d'affaires.

L'expansion des réseaux à l'étranger

L'expansion de votre réseau à l'étranger peut ouvrir de nouvelles portes et créer des opportunités internationales. Voici comment élargir votre réseau au niveau international :

1. *Participation à des Événements Internationaux* : Assister à des conférences, des salons professionnels et des séminaires internationaux peut vous mettre en contact avec des professionnels du monde entier.
2. *Utilisation des Réseaux Sociaux Mondiaux* : Les médias sociaux tels que LinkedIn, Twitter et Facebook vous permettent de connecter avec des professionnels de différents pays et cultures.

3. *Recherche de Partenariats Internationaux* : Identifiez des entreprises ou des organisations internationales avec lesquelles vous pourriez établir des partenariats professionnels.
4. *Collaboration dans des Projets Internationaux* : Si possible, participez à des projets de collaboration internationale au sein de votre entreprise.
5. *Apprentissage Continu* : Éduquez-vous sur les cultures, les normes et les pratiques commerciales internationales pour mieux comprendre vos contacts internationaux.

Comprendre les différences culturelles dans le réseautage

Les différences culturelles jouent un rôle majeur dans le réseautage international. Voici quelques points clés à garder à l'esprit :

1. *Approche Personnelle* : Certaines cultures privilégient les relations personnelles étroites avant de faire des affaires, tandis que d'autres sont plus axées sur les transactions.
2. *Protocole et Étiquette* : Les coutumes concernant la manière de saluer, de donner des cartes de visite et de s'adresser aux personnes peuvent varier considérablement.
3. *Communication Directe vs Indirecte* : Certains pays ont une communication très directe,

tandis que d'autres utilisent des signaux indirects et subtils. Soyez attentif à ces différences.

4. *Horaires et Attentes* : Les horaires de travail, les attentes en matière de ponctualité et de réactivité peuvent varier selon les cultures.

5. *Cadeaux et Gestes de Courtoisie* : Dans certaines cultures, il est courant d'échanger des cadeaux ou des gestes de courtoisie lors de rencontres professionnelles.

Le réseautage lors de voyages d'affaires

Les voyages d'affaires offrent des occasions uniques de réseautage international. Voici comment en tirer le meilleur parti :

1. *Planification Avant le Voyage* : Identifiez les professionnels locaux que vous souhaitez rencontrer et prenez contact avant votre voyage.

2. *Participation à des Événements Locaux* : Cherchez des événements de réseautage locaux, des conférences ou des réunions professionnelles pendant votre séjour.

3. *Utilisation des Réseaux Sociaux Locaux* : Recherchez les plateformes de réseautage social locales qui sont populaires dans la région que vous visitez.

4. *Suivi Après le Voyage* : Après votre voyage, entretenez les relations que vous avez établies en envoyant des messages de suivi et en maintenant le contact.
5. *Adaptation à la Culture Locale* : Soyez conscient des normes culturelles locales et adaptez votre comportement en conséquence.

En conclusion, le réseautage à l'échelle internationale est une compétence essentielle pour les cadres et les professionnels qui souhaitent réussir dans un monde de plus en plus mondialisé. En étendant vos réseaux à l'étranger, en comprenant les différences culturelles dans le réseautage et en maximisant les opportunités de réseautage lors de voyages d'affaires, vous pouvez créer des relations professionnelles fructueuses qui transcendent les frontières.

Chapitre 7 : Évaluation et Mesure de l'Impact du Réseautage

Votre parcours de réseautage ne serait pas complet sans une évaluation régulière de vos efforts et de leur impact. Dans ce chapitre, nous allons explorer en détail comment mesurer le succès de vos efforts de réseautage, comment adapter vos stratégies en fonction des résultats, et pourquoi il est essentiel de maintenir une évolution constante de votre réseau.

Comment mesurer le succès de vos efforts de réseautage

La mesure du succès de vos efforts de réseautage est essentielle pour comprendre ce qui fonctionne et ce qui doit être amélioré. Voici quelques indicateurs clés pour évaluer votre réussite en matière de réseautage :

1. *Objectifs Atteints* : Comparez vos objectifs de réseautage avec les résultats réels. Avez-vous atteint vos objectifs professionnels et personnels grâce au réseautage ?
2. *Nombre de Contacts de Qualité* : Évaluez la croissance de votre réseau en termes de contacts de qualité plutôt qu'en nombre total. Les connexions pertinentes sont plus précieuses que les connexions massives.

3. *Opportunités Générées* : Mesurez le nombre d'opportunités professionnelles (projets, collaborations, offres d'emploi, etc.) qui découlent de vos interactions de réseautage.
4. *Témoignages et Recommandations* : Le nombre de témoignages et de recommandations que vous recevez de vos contacts peut être un indicateur de votre réputation et de votre valeur perçue.
5. *Temps Investi vs Retours* : Évaluez si le temps que vous consacrez au réseautage est proportionnel aux retours que vous obtenez.

L'adaptation de vos stratégies en fonction des résultats

L'évaluation de vos efforts de réseautage peut révéler des domaines où des ajustements sont nécessaires. Voici comment adapter vos stratégies en fonction des résultats :

1. *Analyse de la Réussite* : Identifiez ce qui a fonctionné le mieux dans votre réseautage et ce qui a moins bien fonctionné. Mettez en évidence les tendances et les bonnes pratiques.
2. *Correction des Erreurs* : Identifiez les erreurs ou les approches infructueuses et apportez les corrections nécessaires.

3. *Définition de Nouveaux Objectifs* : En fonction de vos résultats, définissez de nouveaux objectifs de réseautage qui tiennent compte de votre évolution professionnelle.
4. *Diversification des Stratégies* : Ne restez pas statique. Explorez de nouvelles stratégies de réseautage et adaptez-vous aux changements dans votre industrie ou votre carrière.
5. *Demande de Retours d'Information* : Sollicitez des retours d'information de la part de vos contacts sur votre approche de réseautage. Leurs perspectives peuvent être précieuses.

L'importance de l'évolution constante de votre réseau

Votre réseau professionnel n'est pas statique, il évolue avec le temps. Il est essentiel de garder cette évolution à l'esprit :

1. *Mises à Jour Régulières* : Prenez le temps de mettre à jour votre liste de contacts et de vous débarrasser des connexions qui ne sont plus pertinentes.
2. *Nouveaux Contacts* : Cherchez continuellement de nouvelles opportunités pour élargir votre réseau en ajoutant des contacts pertinents.
3. *Maintien des Relations Existantes* : N'oubliez pas de maintenir des relations solides avec les

contacts existants en continuant à communiquer et à offrir votre aide.

4. *Évolution Professionnelle* : Votre carrière évolue, tout comme vos besoins de réseautage. Assurez-vous que votre réseau reflète ces changements.

5. *Partage des Réussites* : Partagez vos réussites et vos réalisations avec votre réseau. Cela peut susciter de nouvelles opportunités de collaboration.

En conclusion, l'évaluation et la mesure de l'impact de votre réseautage sont des composantes essentielles de votre développement professionnel. En mesurant le succès de vos efforts, en adaptant vos stratégies en fonction des résultats et en maintenant une évolution constante de votre réseau, vous pouvez continuer à bâtir des relations professionnelles fructueuses tout au long de votre carrière.

Conclusion

Dans le monde complexe et interconnecté d'aujourd'hui, le réseautage efficace est devenu une compétence vitale pour les cadres et les professionnels désireux d'optimiser leurs relations professionnelles. Tout au long de ce livre, nous avons exploré en profondeur les fondements du réseautage, depuis la définition de cette pratique jusqu'à ses diverses formes et ses mythes courants.

Nous avons plongé dans l'importance de la préparation au réseautage, en soulignant l'importance de fixer des objectifs clairs, de créer un plan de réseautage personnel, et de gérer judicieusement notre temps pour un réseautage efficace. Nous avons également exploré les stratégies de réseautage en face à face, mettant l'accent sur l'authenticité, la conversation, et la gestion des contacts.

Le réseautage en ligne a occupé une place centrale, montrant comment utiliser les médias sociaux pour élargir nos horizons professionnels, construire un profil LinkedIn puissant, tout en étant conscients des avantages et des pièges du réseautage virtuel.

Nous avons également examiné le réseautage au travail, mettant en lumière l'importance de maintenir des relations professionnelles solides au sein de l'entreprise, de favoriser la collaboration interdépartementale, et d'éviter les conflits liés au réseautage en milieu professionnel.

Le réseautage à l'échelle internationale a été abordé en tant que compétence cruciale dans un monde globalisé, avec des conseils pour étendre vos réseaux au-delà des frontières, comprendre les différences culturelles, et maximiser vos opportunités lors de voyages d'affaires.

Enfin, nous avons exploré comment évaluer et mesurer l'impact de vos efforts de réseautage, comment ajuster vos stratégies en fonction des résultats, et pourquoi il est vital de constamment évoluer votre réseau pour suivre votre évolution professionnelle.

Le réseautage efficace ne se limite pas à la simple collecte de contacts. C'est une démarche profonde qui consiste à établir des relations authentiques, à partager des connaissances, et à offrir de l'aide. C'est un moyen de croissance personnelle et professionnelle continu, un outil pour surmonter les obstacles et saisir les opportunités.

Alors que vous progressez dans votre carrière, rappelez-vous que le réseautage est une compétence que vous pouvez développer et affiner. Soyez ouvert à l'apprentissage, prêt à sortir de votre zone de confort, et résolu à cultiver des relations significatives. Votre réseau professionnel est l'un de vos atouts les plus précieux, et en le nourrissant avec soin, vous pouvez ouvrir des portes vers un avenir professionnel encore plus brillant.

Le réseautage efficace n'est pas une fin en soi, mais un moyen d'atteindre vos objectifs professionnels et de contribuer au succès de votre entreprise. En fin de compte, il s'agit de créer des liens qui transcendent les transactions, de tisser des connexions humaines authentiques et de bâtir un réseau solide qui vous accompagnera tout au long de votre carrière.

Nous vous souhaitons à tous le succès dans votre parcours de réseautage et dans la création de relations professionnelles fructueuses.